škola - sikolwa		2
putovanje - kuhamba		5
transport - kwetfutsa		8
grad - lidolobha lelikhulu		10
krajolik - libala		14
restoran - sitolo sekudla		17
supermarket - isuphamakethe		20
napitci - tinatfo		22
jelo - kudla		23
seosko gazdinstvo - lipulazi		27
kuća - indlu		31
dnevna soba - indzawo yamabonakudze		33
kuhinja - likhishi		35
kupaonica - likamelo lekugezela		38
dječija soba - likamelo lemntfwana		42
odjeća - timphahla tekugcoka		44
ured - lihhovisi		49
gospodarstvo - umnotfo		51
zanimanja - tikhundla		53
alati - emathulusi		56
glazbeni instrument - insimbi yemculo		57
zoološki vrt - i-zoo		59
šport - temidlalo		62
aktivnosti - imisebenti		63
obitelj - umndeni		67
tijelo - umtimba		68
bolnica - sibhedlela		72
hitni slučaj - simo lesiphutfumako		76
zemlja - Umhlaba		77
sat - liwashi		79
tjedan - liviki		80
godina - umnyaka		81
oblici - kubumbeka kwetintfo		83
boje - imibala		84
suprotnosti - lokwehlukile		85
brojevi - tinombolo		88
jezici - tilwimi		90
tko / što / kako - ngubani / ini / njani		91
gdje - kuphi		92

Impressum
Verlag: BABADADA GmbH, Nedderfeld 112 , 22529 Hamburg
Geschäftsführer / Verlagsleitung: Harald Hof
Druck: Books on Demand GmbH, In de Tarpen 42, 22848 Norderstedt

Imprint
Publisher: BABADADA GmbH, Nedderfeld 112 , 22529 Hamburg, Germany
Managing Director / Publishing direction: Harald Hof
Print: Books on Demand GmbH, In de Tarpen 42, 22848 Norderstedt

škola
sikolwa

učionica
likilasi

dijeliti
hlukanisa

školsko dvorište
ligceke lesikolwa

ploča
libhodi

učitelj
thishela

papir
liphepha

pisati
bhala

kemijska olovka
ipeni

pisaći stol
lideski

ravnalo
i-ruler

knjiga
incwadzi

učenik
umuntfu

torba

sikhwama setincwadzi tesikolwa

pernica

sikhwanyana semapenisela

grafitna olovka

ipenisela

šiljilo za olovke

umshini wekulolo ipenisela

gumica za brisanje

i-rubber

blok za crtanje

intfo yekudvweba

crtež
umdvwebo

kist
libhulashi lekupenda

kutija s bojama
libhokisi lekupenda

makaze
tikelo

ljepilo
i-glue

bilježnica
incwadzi yekutadisha

domaći zadatak
umsebenti wasekhaya

broj
inombolo

sabirati
hlanganisa

oduzimati
susa

množiti
phindzaphidza

računati
bala

slovo
incwadzi

abeceda
feleba

riječ
ligama

škola - sikolwa

tekst
umbhalo

čitati
fundza

kreda
ishogo

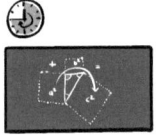
sat
sifundvo

dnevnik
i-register

ispit
sivivinyo sekugcina

svjedodžba
sitifiketi

školska uniforma
timphahla tesikolwa

obrazovanje
imfundvo

leksikon
i-ensaklopheda

sveučilište
inyuvesi

mikroskop
sipopolo

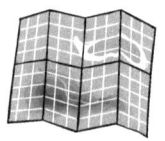
karta
libalave

košara za papir
libhakede lekulahla emaphepha

škola - sikolwa

putovanje
kuhamba

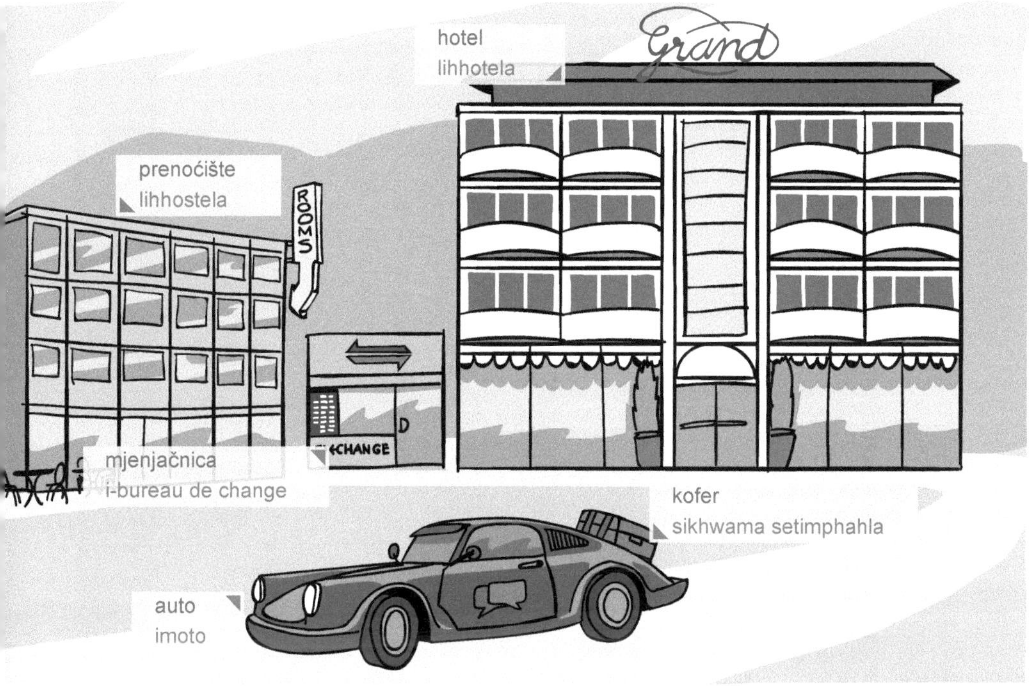

hotel
lihhotela
Grand
prenoćište
lihhostela
ROOMS
EXCHANGE
mjenjačnica
i-bureau de change
kofer
sikhwama setimphahla
auto
imoto

jezik

lulwimi

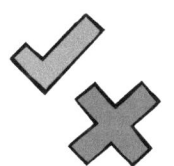

da / ne

yebo / cha

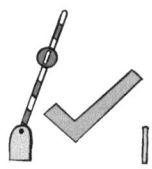

okay

Kulungile

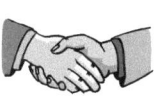

zdravo

sawubona

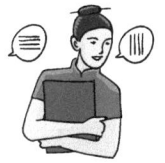

prevoditelj

umhumushi

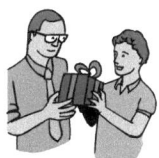

hvala

Siyabonga

Koliko košta...?
ingumalini i....?

ne razumijem
angivisisi kahle

problem
inkinga

dobro veče!
Lishonile!

Dobro jutro!
Kusile!

Laku noć!
Ulale kahle!

doviđenja
sala kahle

smjer
sicondziso

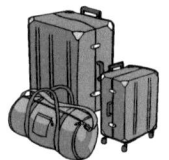

prtljaga
umtfwalo

torba
sikhwama

ruksak
sikhwama lesigacwako

gost
sivakashi

soba
likamelo

vreća za spavanje
sikhwama sekulala

šator
lithende

putovanje - kuhamba

turističke informacije	plaža	kreditna kartica
mininingwane yetivakashi	ibhishi	likhadi lemali

doručak	ručak	večera
kudla kwasekuseni	kudla kwasemini	kudla kwantsambama

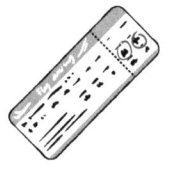
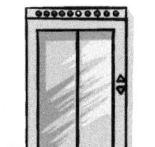

karta za vožnju	dizalo	poštanska markica
lithikithi	i-lift	sitembu

granica	carina	ambasada
umcele	emakhasimende	i-embasi

viza	putovnica
i-visa	ipasipoti

putovanje - kuhamba

transport
kwetfutsa

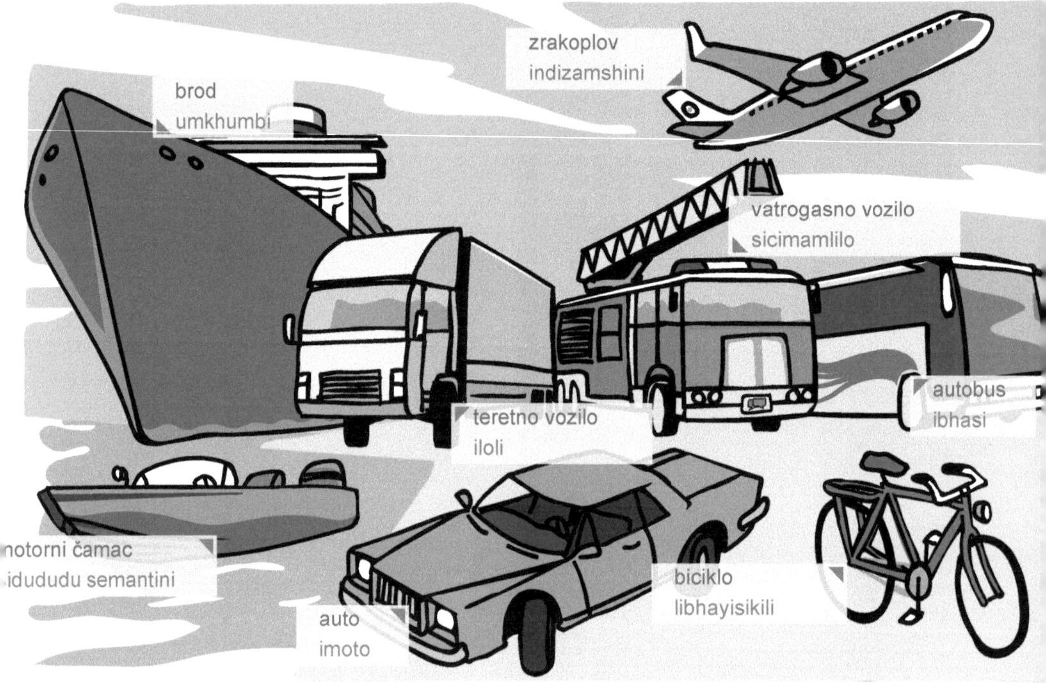

zrakoplov
indizamshini

brod
umkhumbi

vatrogasno vozilo
sicimamlilo

autobus
ibhasi

teretno vozilo
iloli

motorni čamac
sidududu semantini

biciklo
libhayisikili

auto
imoto

trajekt
i-ferry

čamac
sikebhe

motocikl
sidududu

policijski auto
imoto yemaphoyisa

trkaći auto
imoto yemjaho

iznajmljeno auto
imoto yekucashisa

transport - kwetfutsa

dijeljenje automobila
kubolekana imoto

vučno vozilo
i-breadown

vozilo za odvoz smeća
iloli yetibi

motor
imoto

benzin
phethiloli

benzinska postaja
ligalaji laphethiloli

prometni znak
luphawu lwemgwaco

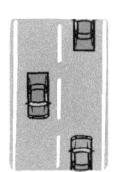
promet
incumbi yetimoto

zastoj
incumbi yetimoto letime emngwacweni

parkiralište
ipaki yemoto

kolodvor
siteshi sesitimela

šine
imizila

vlak
sitimela

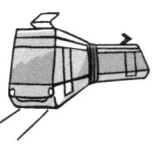
tramvaj
i-tram

vagon
inkalishi

transport - kwetfutsa

helikopter · zrakoplovna luka · toranj
indiza lenaphephela emhlane · sikhungo setindiza · imoto yekudvonsa letibhajiwe

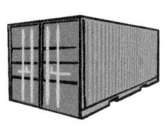

putnik · kontejner · karton
bagibeli · intfo yekutfwala · likhathoni

kolica · košara · uzletjeti / sletjeti
i-cart · bhasikidi · kusuka / kwehla

grad
lidolobha lelikhulu

selo · centar grada · kuća
umuti · ekhatsi nelidolobha · indlu

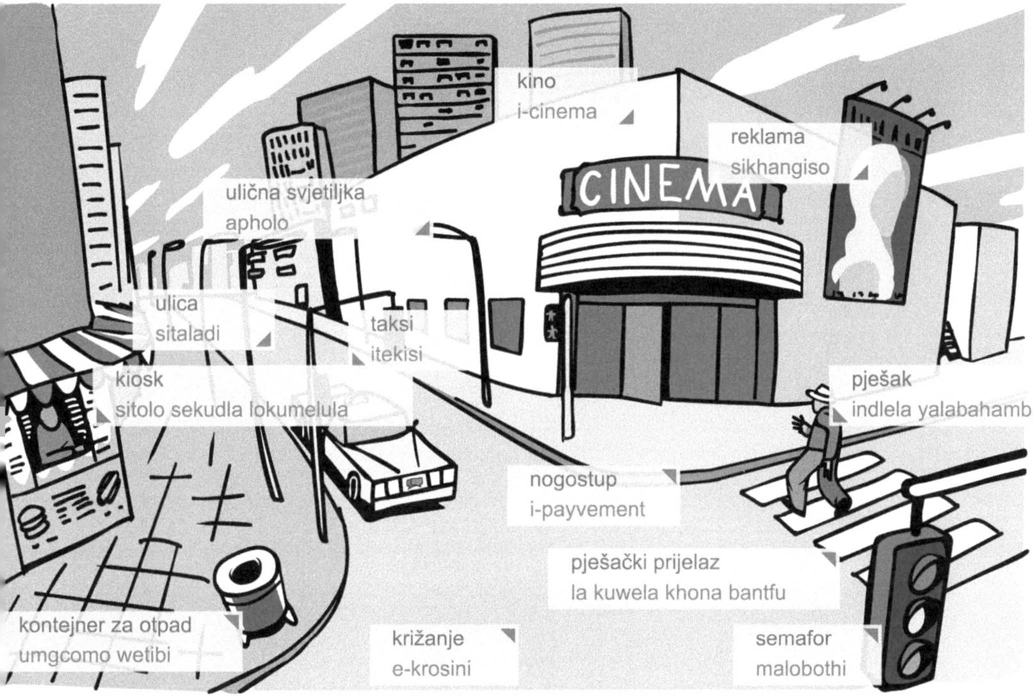

kino
i-cinema
CINEMA
reklama
sikhangiso
ulična svjetiljka
apholo
ulica
sitaladi
taksi
itekisi
kiosk
sitolo sekudla lokumelula
pješak
indlela yalabahamba
nogostup
i-payvement
pješački prijelaz
la kuwela khona bantfu
kontejner za otpad
umgcomo wetibi
križanje
e-krosini
semafor
malobothi

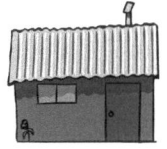

koliba

gucasthandaze

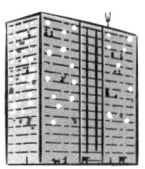

stan

lifulethi

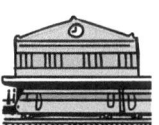

kolodvor

siteshi sesitimela

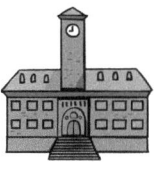

vijećnica

lihholwa lasedolobheni

MUSEUM

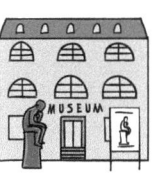

muzej

imnyusiyamu

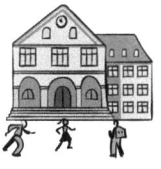

škola

sikolwa

sveučilište

inyuvesi

banka

libhange

bolnica

sibhedlela

hotel

lihhotela

ljekarna

ikhemisi

ured

lihhovisi

knjižara

sitolo setincwadzi

prodavaonica

sitolo

cvjećara

lotsengisa timbali

supermarket

isuphamakethe

trg

imakethe

robna kuća

litiko letitolo

ribarnica

batsengisi betimfishi

trgovački centar

luchungechuge lwetitolo

luka

sikhungo

grad - lidolobha lelikhulu

park
lipaki

klupa
libhentji

most
libhuloho

stepenice
titezi

podzemna željeznica
ngephansi kwemhlaba

tunel
umhume

autobusna stanica
siteshi sebhasi

bar
sitolo setjwala

restoran
sitolo sekudla

poštansko sanduče
libhokisi leliposi

ulični znak
luphawu lwemgwaco

parkirni sat
umshini lobala sikhatsi sekupaka

zoološki vrt
i-zoo

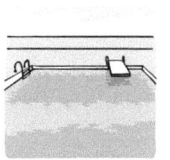

bazen
i-swimming pool

džamija
lisontfo lemasulumane

grad - lidolobha lelikhulu

seosko gazdinstvo
lipulazi

zagađenje okoliša
kugcolisa umoya

groblje
emathuna

crkva
lisontfo

igralište
inkhundla yetemidlalo

hram
lithempeli

krajolik
libala

list — licembe
putokaz — luphawu lwemgwaco
put — indlela
livada — umshiya
kamen — litje
drvo — sihlahla
šetač — lohamba indlela lendze ngetinyawo
rijeka — umfula
trava — tjani
cvijet — imbali

krajolik - libala

dolina
sihosha

planina
ligcuma

jezero
lidanyana

šuma
lihlatsi

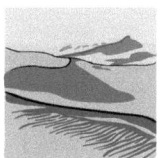
pustinja
lihlane

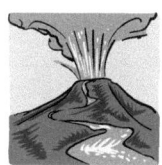
vulkan
intsabamlilo

dvorac
umhlambi wetinkhomo

duga
umushi wenkhosatane

gljiva
likhowa

palma
sihlahla semphayini

moskito
imbuzulwane

muha
kundiza

mrav
intfutfwane

pčela
inyosi

pauk
sayobi

krajolik - libala

buba
inkhubabulongo

žaba
sicoco

vjeverica
chakijane

jež
ingungumbane

zec
lolunye luhlobo lwalogwaja

sova
sikhova

ptica
inyoni

labud
i-swan

divlja svinja
ingulube yesiganga

jelen
inyamatane

los
i-moose

nasip
lidamu

vjetrenjača
i-wind turbine

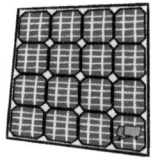
solarna ploča
i-solar panel

klima
simo selitulu

krajolik - libala

restoran
sitolo sekudla

konobar
waiter

jelovnik
luhla lwekudla

stolica
situlo

pica
i-pizza

supa
lisobho

stolnjak
indvwangu yelitafula

pribor za jelo
tipuni imimese netimfologo

predjelo
kudla lokusicalo

glavno jelo
kudla locinile

desert
idizethi

napitci
tinatfo

jelo
kudla

boca
libhodlela

fastfood
kudla lokusheshako

imbis hrana
kudla kwasemngwacweni

čajnik
ligedlela lelitiye

doza za šećer
indishi yashukela

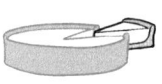

porcija
incenye

aparat za espresso
umshini we-espresso

visoka stolica
situlo lesiphakeme

račun
ibhili

pladanj
li-tray

nož
umukhwa

vilica
imfologo

žlica
sipuni

čajna žlica
sipuni lesincane

ubrus
ithishu yetandla

čaša
ligilasi

restoran - sitolo sekudla

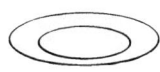

tanjur
lipuleti

tanjur za supu
lipuleti lelisobho

tanjurić
lipringi

sos
i-sauce

soljenka
libhodvo lasawoti

mlin za biber
i-pepper mill

ocat
niniga

ulje
emafutsa awoyela

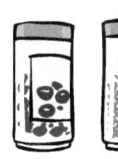

začini
tipayisi

kečap
i-ketchup

senf
i-mustard

majoneza
mayonasi

supermarket
isuphamakethe

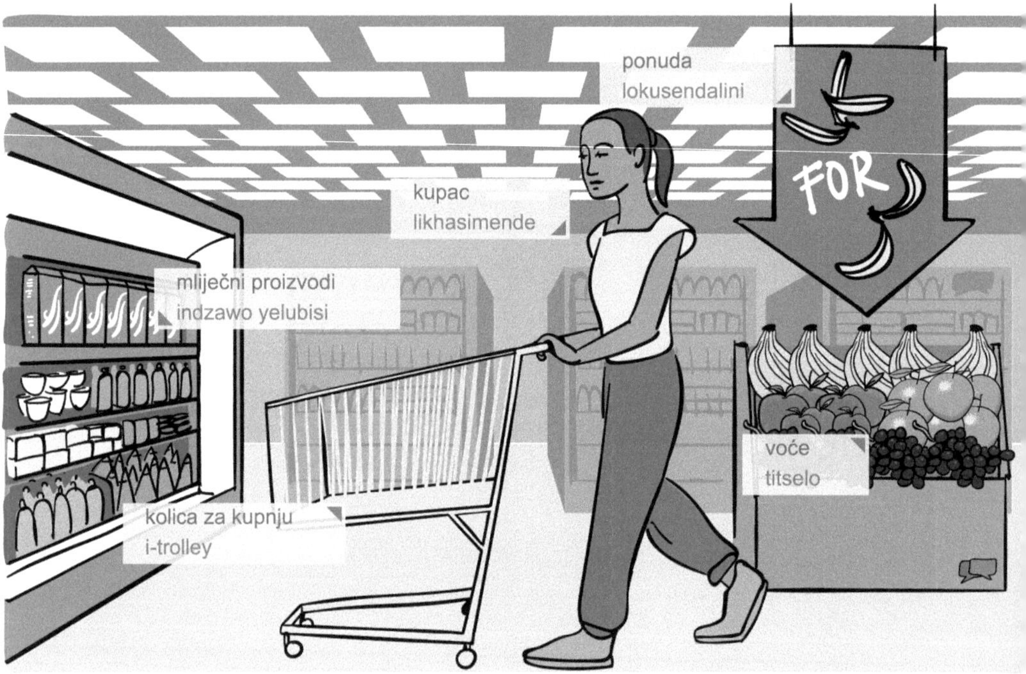

ponuda
lokusendalini
FOR
kupac
likhasimende
mliječni proizvodi
indzawo yelubisi
voće
titselo
kolica za kupnju
i-trolley

BUTCHERS

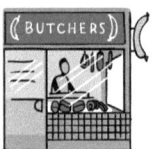

mesnica

ibhushari

BAKERY

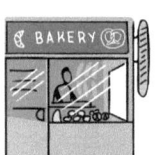

pekarnica

i-baker

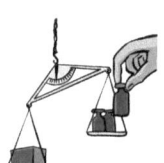

vagati

kala

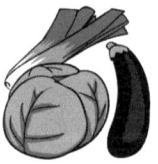

povrće

tibhidvo

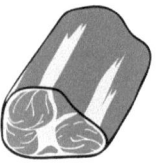

meso

inyama

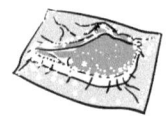

duboko smrznuta hrana

kudla lokucandzisiwe

narezak
inyama lebandzako

konzerve
kudla likusemathinini

sredstvo za pranje
insipho yekuwasha

slatkiši
emaswidi

artikli za domaćinstvo
tintfo tasekhaya

sredstva za čišćenje
imitsi yekukolobha

prodavačica
umuntfu lotsengisako

blagajna
endzaweni yekubhadala

blagajnik
umtsengisi

lista za kupnju
hla lwetintfo tekutsengwa

vrijeme rada
ema-awa ekuvula

novčanik
sipatji

kreditna kartica
likhadi lemali

torba
sikhwama

plastična vrećica
sikhwama seshekhasi

supermarket - isuphamakethe

napitci
tinatfo

voda
emanti

sok
ijuzi

mlijeko
lubisi

cola
ikhokhi

vino
liwani

pivo
ibhiya

alkohol
tjwala

kakao
ikhokho

čaj
litiye

kava
likhofi

espresso
i-espresso

cappuccino
i-cappuccino

jelo
kudla

banana
bhanana

jabuka
lihhabhula

naranča
liwolintji

lubenica
melon

limun
ilemoni

mrkva
emavondlela

češnjak
galiki

bambus
i-bamboo

luk
anyanisi

gljiva
emakhowa

orašasti plodovi
emantongomane

rezanci
ema-noodles

špagete
sipageti

riža
lilayisi

salata
isaladi

pomfrit
emashibusi

pečeni krumpir
emazambane lafrayiwe

pica
i-pizza

hamburger
i-burger

sendvič
isengwishi

šnicla
inyama lefulawe netimvitsi tesinkhwa

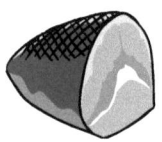

pršut
i-ham

salama
isalami

kobasica
livosi

kokoš
inyama yenkhukhu

pečenje
lokufrayiwe

riba
imfishi

zobene pahuljice
i-oats

musli
imusili

kukuruzne pahuljice
ema-cornflakes

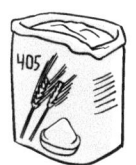

brašno
fulawa

roščić
ema-croissant

pecivo
sinkhwa

kruh
sinkhwa

toast
linkhwa lesithosiwe

keksi
emabhisikidi

maslac
bhotela

svježi sir
i-curd

kolač
likhekhe

jaje
emacandza

jaje na oko
emacandza lafulayiwe

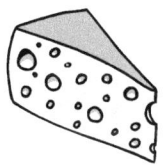

sir
ishizi

sladoled	šećer	med
i-ice cream	shukela	luju

marmelada	nugat krema	curry
jamu	shokolethi	ikheri

seosko gazdinstvo
lipulazi

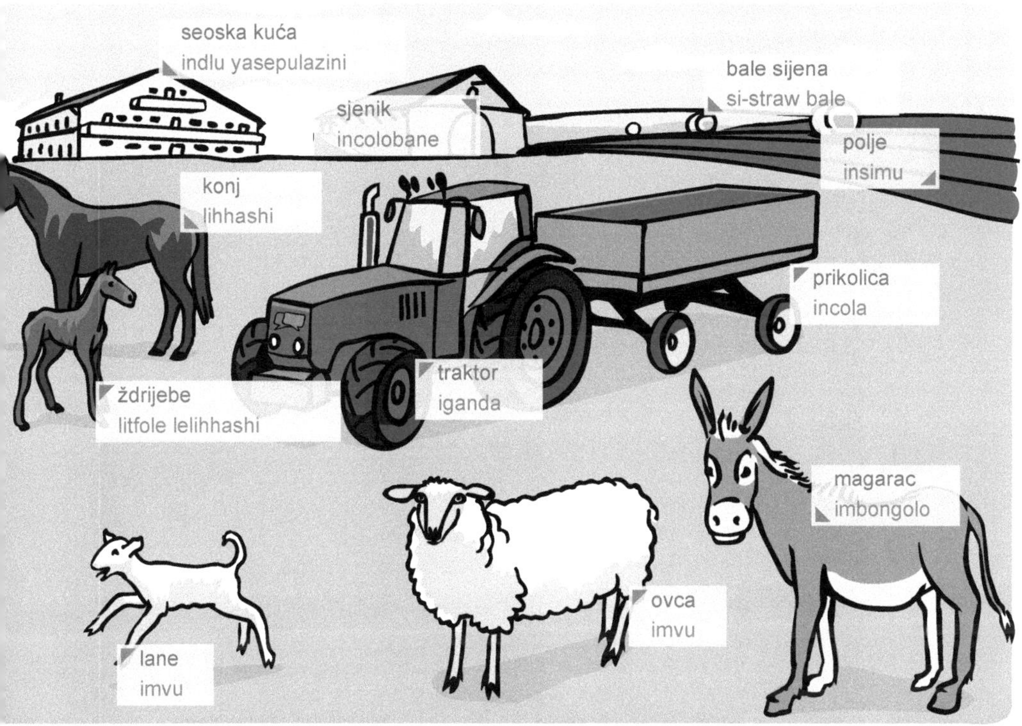

- seoska kuća — indlu yasepulazini
- sjenik — incolobane
- bale sijena — si-straw bale
- polje — insimu
- konj — lihhashi
- prikolica — incola
- ždrijebe — litfole lelihhashi
- traktor — iganda
- magarac — imbongolo
- ovca — imvu
- lane — imvu

koza
imbuti

krava
inkhomo

tele
litfole

svinja
ingulube

prase
ingulutjana

bik
inkhunzi

guska
lihansi

patka
lidada

pilići
lintjwele

kokoš
sikhukhukati

pijetao
lichudze

pacov
ligundvwane

mačka
likati

miš
ligundvwane lelincane

vol
inkhunzi

pas
inja

kućica za psa
indlu yenja

vrtno crijevo
liphayiphi lemanti asengadzini

kanta za polijevanje
libhakede lemanti

kosa
i-scythe

plug
likhuba leganda

srp
lisikela

motika
likhuba

vilica za gnojivo
imfologo yetjani

sjekira
lizembe

tačke
libhala

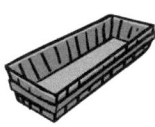
korito
litrofula

posuda za mlijeko
iromkani

vreća
lisaka

ograda
ifenisi

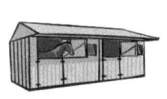
štala
sitebele

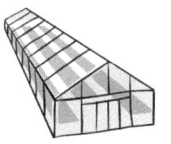
staklenik
indlu leluhlata

zemlja
umhlabatsi

sjeme
imbewu

gnojivo
sivundzisi

kombajn
bavuni

seosko gazdinstvo - lipulazi

žanjati

vuna

žetva

sivuno

yams začin

i-yams

pšenica

likhula

soja

isoyi

krumpir

lizambane

kukuruz

sibhuluja sembila

uljana repica

i-rapeseed

voćka

sihlahla setitselo

gomolj manioke

bhatata

žitarice

ema-cereals

kuća
indlu

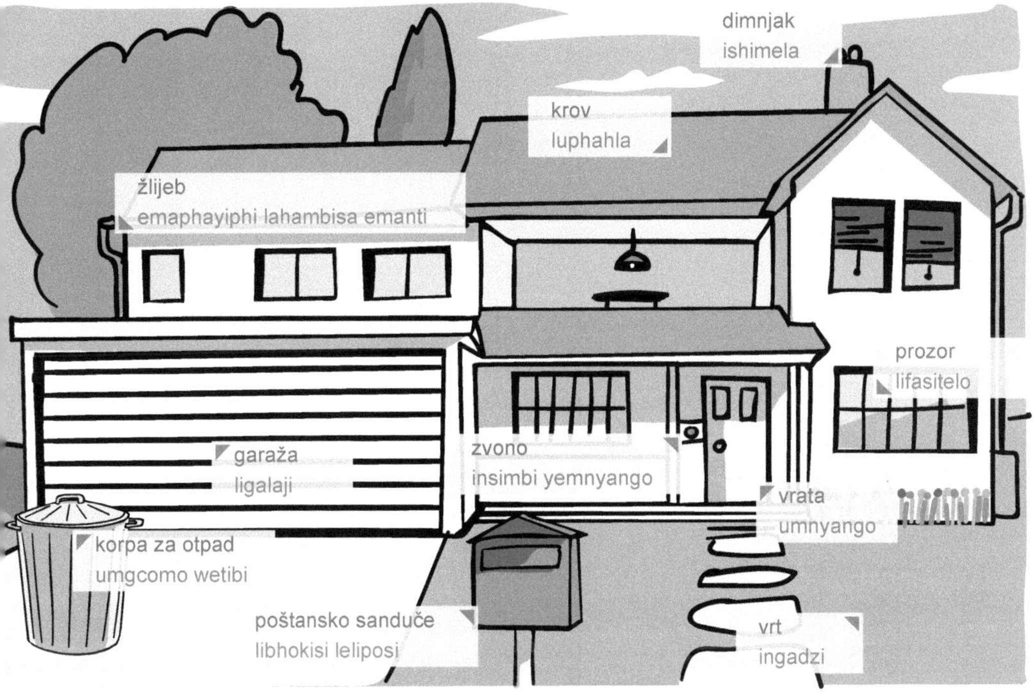

- dimnjak / ishimela
- krov / luphahla
- žlijeb / emaphayiphi lahambisa emanti
- prozor / lifasitelo
- garaža / ligalaji
- zvono / insimbi yemnyango
- vrata / umnyango
- korpa za otpad / umgcomo wetibi
- poštansko sanduče / libhokisi leliposi
- vrt / ingadzi

dnevna soba
ndzawo yamabonakudze

kupaonica
likamelo lekugezela

kuhinja
likhishi

spavaća soba
likamelo

dječija soba
likamelo lemntfwana

trpezarija
ligumbu lekudlela

kuća - indlu

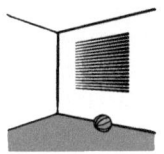	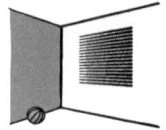	
pod	zid	strop
siyilo	lubondza	isilingi

podrum	sauna	balkon
i-cellar	i-sauna	umpheme
	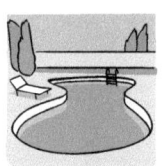	
terasa	bazen	kosilica za travu
libala	lidamu lekududa	umshini wetjani
		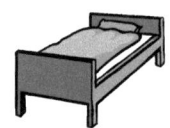
posteljina za krevet	deka za krevet	krevet
lishidi	ibhedspredi	umbhedze

metla	kanta	sklopka
umshanelo	libhakede	iswishi

kuća - indlu

dnevna soba
indzawo yamabonakudze

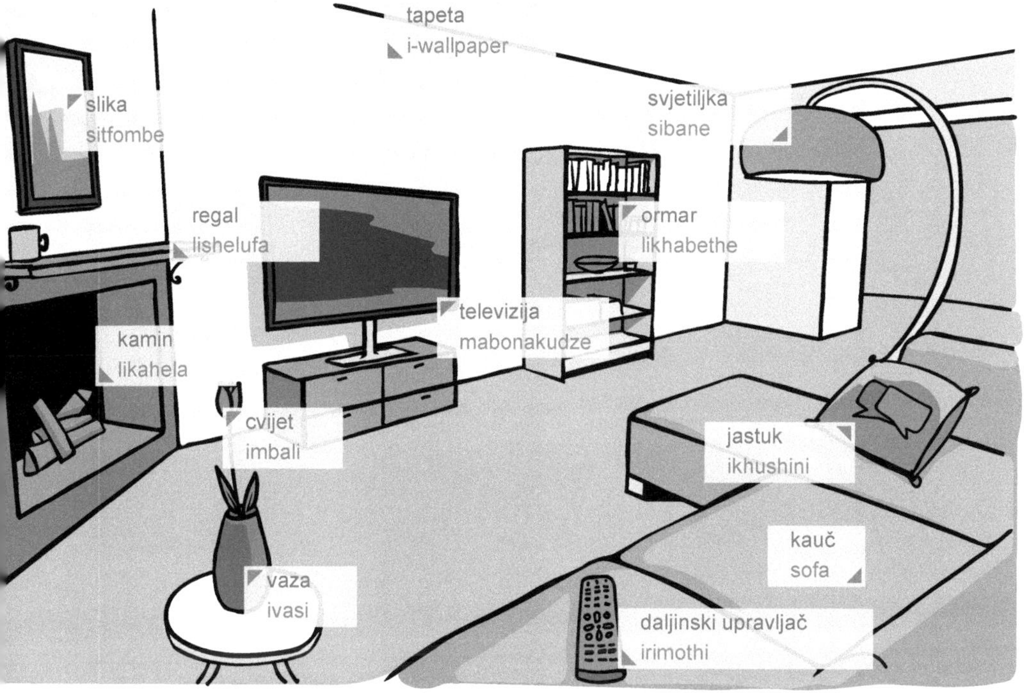

- tapeta — i-wallpaper
- slika — sitfombe
- svjetiljka — sibane
- regal — lishelufa
- ormar — likhabethe
- kamin — likahela
- televizija — mabonakudze
- cvijet — imbali
- jastuk — ikhushini
- vaza — ivasi
- kauč — sofa
- daljinski upravljač — irimothi

tepih
imadi yendlu

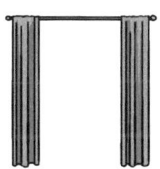

zavjesa
likhetheni

stol
litafula

stolica
situlo

stolica za njihanje
situlo sangephandle

fotelja
situlosemikhono

knjiga
incwadzi

deka
ingubo

dekoracija
umhlobiso

drvo za ogrjev
tinkhuni tekubasa

film
lifilimu

stereo uređaj
igumbagumba

ključ
tikhiya

novine
liphephandzaba

slika na platnu
pende

poster
likhadi laselubondzeni

radio
iwayilensi

blok za pisanje
kwekutsa emaphuzu

usisavač
i-hoover

kaktus
sitjalo lokutsiwa yi-cactus

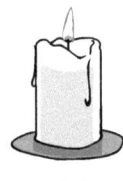

svijeća
likhandlela

dnevna soba - indzawo yamabonakudze

kuhinja
likhishi

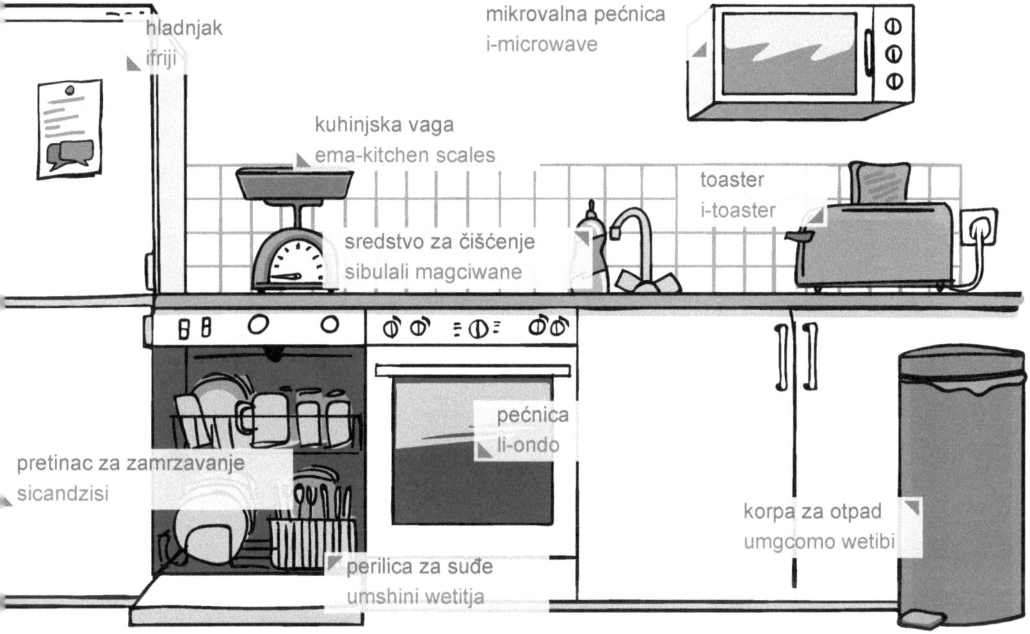

- hladnjak / ifriji
- mikrovalna pećnica / i-microwave
- kuhinjska vaga / ema-kitchen scales
- sredstvo za čišćenje / sibulali magciwane
- toaster / i-toaster
- pretinac za zamrzavanje / sicandzisi
- pećnica / li-ondo
- korpa za otpad / umgcomo wetibi
- perilica za suđe / umshini wetitja

štednjak
umpheki

lonac
libhodvo

željezni lonac
i-cast-iron pot

wok / kadai
i-wok /kadai

tava
lipani

kuhalo za vodu
ligedlela

kuhalo na paru
i-steamer

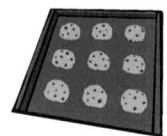

lim za pečenje
lipani lekubhaka

posuđe
i-crockery

čaša
imagi

zdjela
indishi

štapići za jelo
tindvukwana tekujuba

kutljača
i-landle

lopatica
si-spatula

pjenjača
i-whisk

sito za kuhanje
i-strainer

sito
i-sieve

ribež
i-grater

mužar
i-mortar

roštilj
i-barbecue

ognjište
umlilo lovulekile

kuhinja - likhishi

daska
libhodi lekujuba kudla

oklagija
i-rolling pin

vadičep
i-corkscrew

konzerva
likani

otvarač konzervi
lithulusi lekuvala likani

krpa za lonac
intfo yekubeka emabhodvo

sudoper
izinki

četka
libhulashi

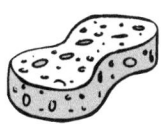

spužva
sipontji

mikser
i-blender

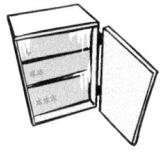

zamrzivač
i-deep freezer

bočica za bebe
libhodlela lemntfwana

slavina za vodu
impompi

kuhinja - likhishi

kupaonica
likamelo lekugezela

grijanje
kwekutfutfumeta

tuš
i-shower

ručnik
lithawula

zavjesa za tuš
likhetheni le-shower

pjenušava kupka
insipho yemagwebu

kada
impompi yelibhavu

čaša
ligilasi

perilica za rublje
umshini wekuwasha

pločice
emathayili

slavina za vodu
impompi

dječja kahlica
i-potty

sudoper
izinki

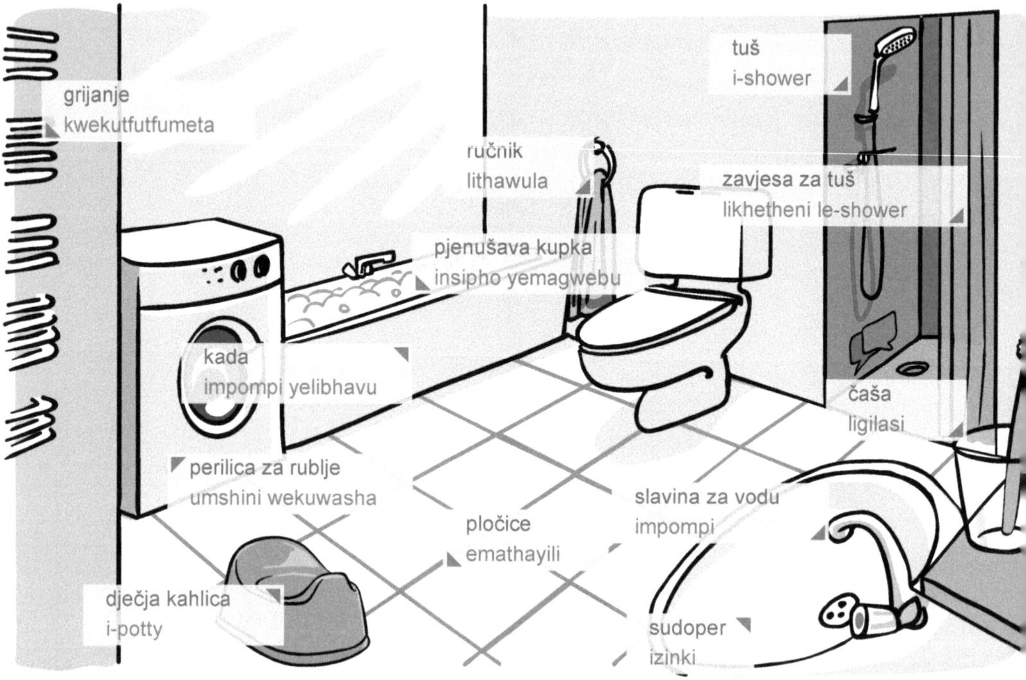

toalet
umthoyi

čučavac
libhodvo lemthoyi

bidet
i-bidet

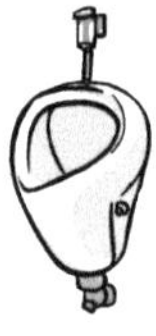

pisoar
umnchamo

papir za toalet
ithishu

četka za toalet
libhulashi lemthoyi

kupaonica - likamelo lekugezela

četkica za zube
libhulashi lematinyo

pasta za zube
insipho yematinyo

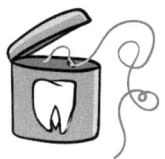

konac za zube
intsambo yekuhlanta ematinyo

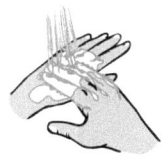

prati
washa

tuš ručica
liphayiphu le-shower lelibanjwa ngetandla

tuš za pranje intimnih dijelova
i-douche

lavor
i-basin

četka za pranje leđa
libhulashi lemgogodla

sapun
insipho lecinile

gel za tuširanje
i-gel ye-shower

šampon
insipho yemagwebu

krpa za pranje
i-flannel

odvod
kwekuhambisa emanti

krema
i-cream

dezodorans
emakha emakhwapha

kupaonica - likamelo lekugezela

ogledalo

sibuko

kozmetičko ogledalo

sibuko lesincane

brijač

i-razor

pjena za brijanje

emagwebu ekushefa

losion za poslije brijanja

kwegcobisa ngemuva kwekushefa

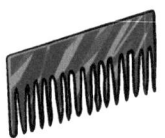

češalj

i-comb

četka

libhulashi

sušilo za kosu

kwekomisa tinwele

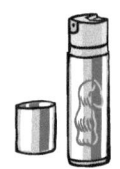

sprej za kosu

kwekufutsa tinwele

makeup

kwekutimomonya

ruž za usne

i-lipstick

lak za nokte

pende wetingalo

vata

i-cotton wool

škare za nokte

sikelo setingalo

parfem

emakha

neseser
kuhwama setintfo tekugeza

stolica
situlo

vaga
sikali sesisindvo

ogrtač
kwekugcoka nawugeza

rukavice za čišćenje
emagilavu e-rubber

tampon
i-tampon

uložak
lithawula lekuhlanta

kemijski toalet
imitsi yekukolobha umthoyi

dječija soba
likamelo lemntfwana

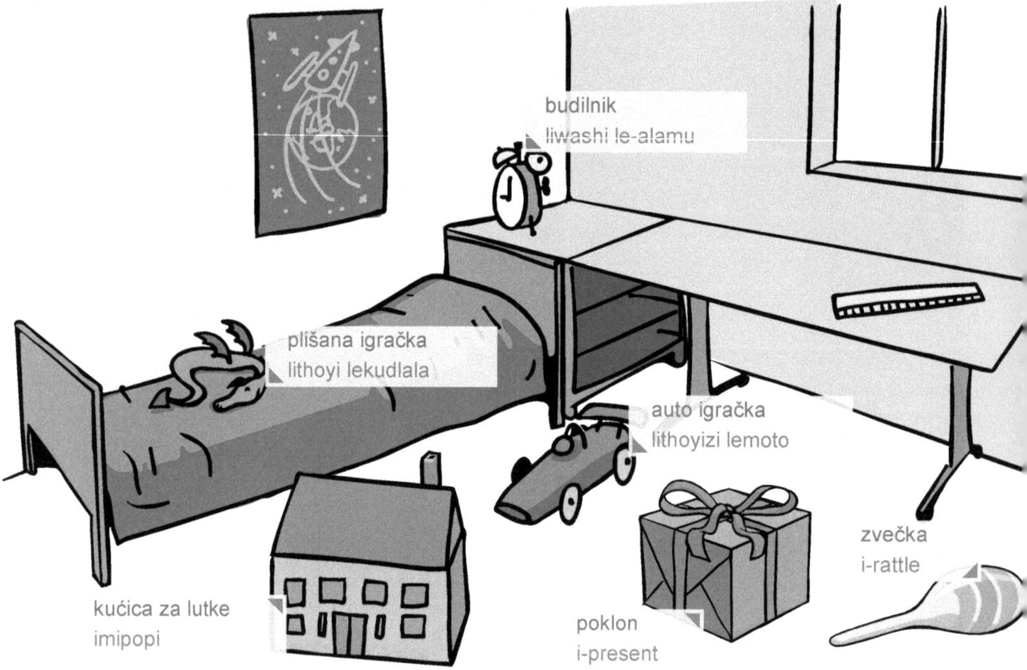

budilnik
liwashi le-alamu

plišana igračka
lithoyi lekudlala

auto igračka
lithoyizi lemoto

zvečka
i-rattle

kućica za lutke
imipopi

poklon
i-present

balon

ibhaluni

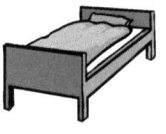

krevet

umbhedze

dječija kolica

ipram

igra s kartama

emakhadi ekudlala

slagalica

i-jigsaw

strip

i-comic

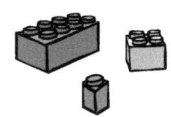
lego kockice
emabloko e-lego

kockice za slaganje
emabloko ekwakha

akcioni junak
i-actionfigure

kombinezon za bebe
kukhula kwemntfwana

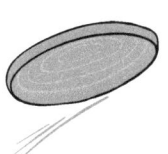
frizbi
i-frisbee

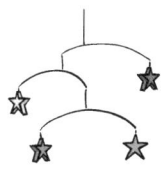
viseće igračke
i-mobile

društvene igre
ibhodi yemdlalo

kocka
lidayisi

minijaturna željeznica
isethi yemathoyizi etitimela

duda
i-dummy

tulum
i-party

slikovnica
incwadzi yetitfombe

lopta
ibhola

lutka
nodoli

igrati
dlala

dječija soba - likamelo lemntfwana 43

pješčanik

umgodzi wemhlabatsi

ljuljačka

umjikeli

igračka

emathoyizi

konzola za igre

umshini wemdlalo wema-video

tricikl

masondvontsatfu

plišani medo

umdoli welibhele

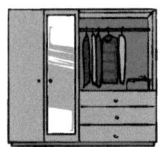

ormar

ihhodrobhu

odjeća
timphahla tekugcoka

kratke čarape

emakawosi

čarape

ema-stockings

hulahopke

umtjopi

bodi
umtimba

hlače
emabhuluko

džins
ibhokathi

haljina
sikedi

bluza
liblawosi

košulja
liyembe

džemper
i-pullover

pulover s kapuljačom
i-hoodie

blejzer
libhantji

jakna
silamba

kaput
lijazi

kabanica
lijazi lemvula

kostim
i-costume

haljina
lilogo

vjenčanica
likogo lemshado

odjeća - timphahla tekugcoka

odijelo
isudi

spavaćica
i-gown yasebusuku

pidžama
emabhijamu

sari
i-sari

rubac
sikafu

turban
i-turban

burka
i-burqa

kaftan
i-kaftan

abaja
i-abaya

kupaći kostim
timphahla tekududa

kupaće gaćice
ema-anda

kratke hlače
emabhuluko lamafishane

odjeća za trening
i-treksudi

pregača
liphinifa

rukavice
emaglavu

odjeća - timphahla tekugcoka

gumb
inkinobho

naočale
tibuko

narukvica
buhlalu

ogrlica
umgaco

prsten
indandatho

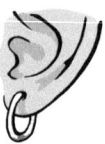

naušnica
emacici

kapa
likepisi

vješalica
i-hanger yelijazi

šešir
sigcoko

kravata
thayi

patent zatvarač
iziphu

kaciga
sivikelo senhloko

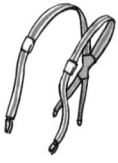

naramenice
kwekusekela sitfo semtimba

školska uniforma
timphahla tesikolwa

uniforma
inyunifomu

podbradak
i-bib

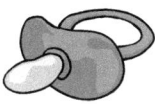
duda
i-dummy

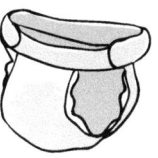
pelena
linabukeli

ured
lihhovisi

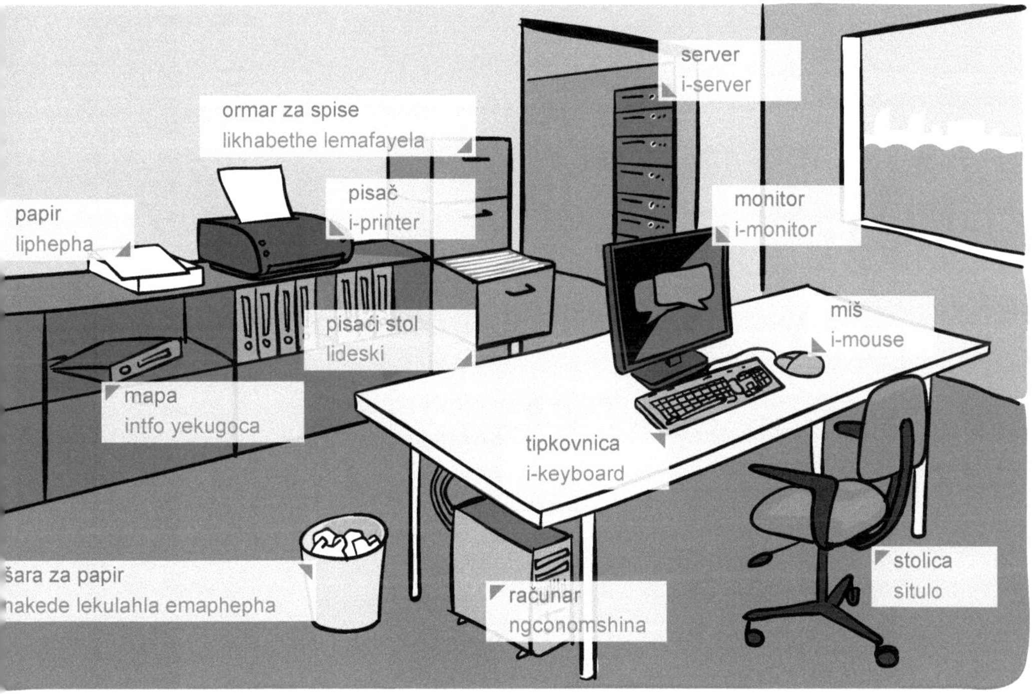

ormar za spise
likhabethe lemafayela

server
i-server

pisač
i-printer

monitor
i-monitor

papir
liphepha

pisaći stol
lideski

miš
i-mouse

mapa
intfo yekugoca

tipkovnica
i-keyboard

stolica
situlo

šara za papir
nakede lekulahla emaphepha

računar
ngconomshina

šalica za kavu
likomishi lelikofi

kalkulator
i-calculator

internet
i-inthanethi

laptop
i-laptop

pismo
incwadzi

poruka
umlayeto

mobilni telefon
i-mobile

mreža
i-network

uređaj za kopiranje
umshini wekwenta emakhophi

softver
i-software

telefon
lucingo

utičnica
liplaliki lagesi

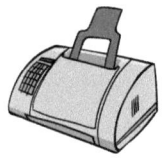
faks
umshini wekufeksa

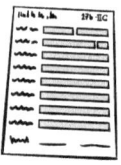
obrazac
lifomu

dokument
liphepha

gospodarstvo
umnotfo

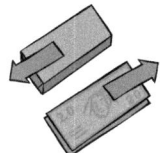
kupovati
tsenga

platiti
bhadala

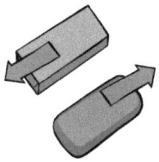
trgovati
beka imali

novac
imali

dolar
li-dollar

euro
li-euro

jen
li-yen

rubalj
li-rouble

švicarski franak
i-Swiss franc

renmindbi yuan
i-renminbi yuan

rupija
i-rupee

automat za novac
umshini wemali

mjenjačnica
i-bureau de change

zlato
ligolide

srebro
lisiliva

nafta
woyela

energija
emandla

cijena
linani

ugovor
sivumelwano

porez
umtselo

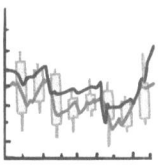
dionica
sitoko

raditi
sebenta

službenik
sisebenti

poslodavac
umcashi

tvornica
ifemu

prodavaonica
sitolo

gospodarstvo - umnotfo

zanimanja
tikhundla

vatrogasac
umcimimlilo

policajac
liphoyisa

kuhar
umpheki

liječnik
dokotela

pilot
umshayeli wetindiza

vrtlar

losebenta engadzini

stolar

ummbati

krojačica

umtfungi

sudija

mehluleli

kemičar

khemisi

glumac

umlingisi

zanimanja - tikhundla

vozač autobusa — umshayeli webhasi

vozač taksija — umshayeli wekhumbi

ribar — umdvobi

čistačica — limedi

krovopokrivač — umfuleli

konobar — waiter

lovac — umtingeli

slikar — mapendani

pekar — umbhaki

električar — gesana

građevinski radnik — meselane

inženjer — sonjiniyela

mesar — umtsengisi wenyama

limar — somaphayiphi

poštar — lohambisa liposi

vojnik	arhitekta	blagajnik
lisotja	umdvwebi wemapulani	umtsengisi

cvjećar	frizer	kondukter
umtsengisi wetimbali	losebenta ngetinwele	umbhidisi

mehaničar	kapetan	zubar
mekhenikha	kaputeni	dokotela wematinyo

znanstvenik	rabi	imam
sosayensi	rabi	imam

monah	svećenik
monk	umfundisi

zanimanja - tikhundla

alati
emathulusi

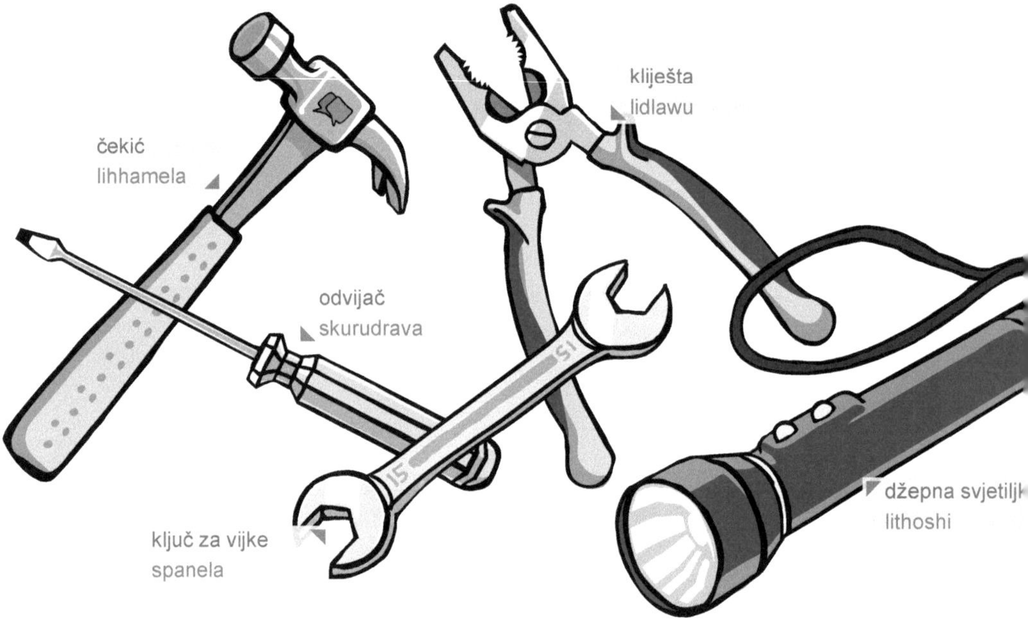

čekić
lihhamela

kliješta
lidlawu

odvijač
skurudrava

ključ za vijke
spanela

džepna svjetiljka
lithoshi

rovokopač

lifosholo

kutija za alat

libhokisi lemathulusi

ljestve

lilele

pila

lisaha

ekser

tipikili

bušilica

umshini wekwenta timbobo

popraviti
lungisa

lopata
lifosholo

Sranje!
i-Damni!

lopatica
lipani lekuwola tibi

lonac za boju
likani lapende

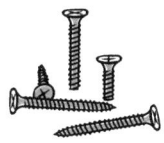
vijci
tikruzi

glazbeni instrument
insimbi yemculo

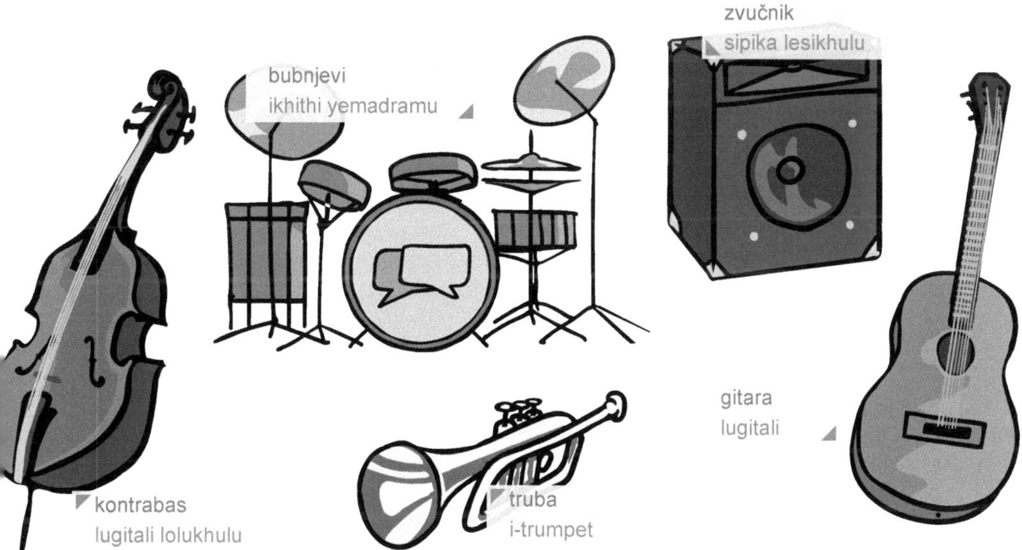

zvučnik
sipika lesikhulu

bubnjevi
ikhithi yemadramu

gitara
lugitali

kontrabas
lugitali lolukhulu

truba
i-trumpet

klavir	violina	bas
i-piano	ivayolini	ibhesi

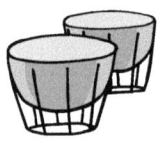

timpani	udaraljke za bubnjeve	keyboard
i-timpani	emadramu	i-keyboard

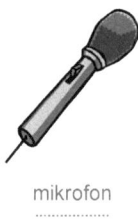

saksofon	flauta	mikrofon
i-saxohone	ifluthi	umbhobho

glazbeni instrument - insimbi yemculo

zoološki vrt
i-zoo

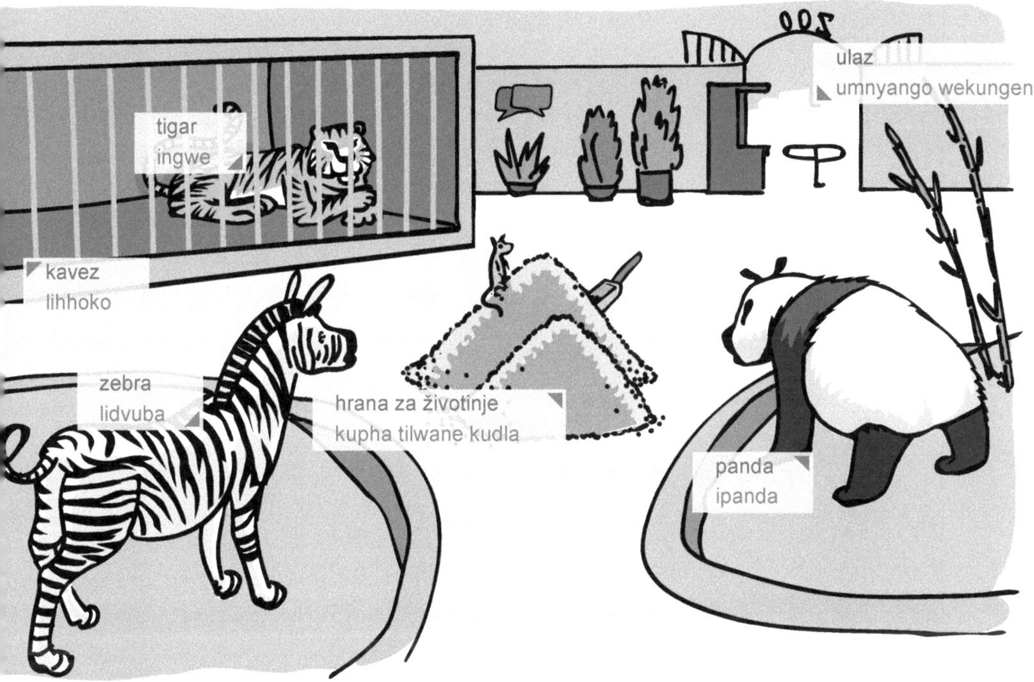

tigar / ingwe

ulaz / umnyango wekungena

kavez / lihhoko

zebra / lidvuba

hrana za životinje / kupha tilwane kudla

panda / ipanda

životinje
tilwane

slon
indlovu

kengur
ikangaru

nosorog
bhejane

gorila
igorila

medvjed
libhele

kamila
likamela

noj
i-ostrishi

lav
libhubesi

majmun
imfene

flamingo
i-flamingo

papagaj
iparoti

polarni medvjed
libhele

pingvin
iphejini

ajkula
shaka

paun
iphigogo

zmija
inyoka

krokodil
ingwenya

čuvar u zoološkom vrtu
umgcini tilwane

tuljan
isili

jaguar
i-jaguar

zoološki vrt - i-zoo

poni
poni

leopard
ingwe

nilski konj
imvubu

žirafa
indlulamitsi

orao
lusweti

divlja svinja
ingulube yesiganga

riba
imfishi

kornjača
lifundvu

morž
i-warasi

lisica
jakalazi

gazela
inyamatane

zoološki vrt - i-zoo

šport
temidlalo

aktivnosti
imisebenti

imati
tsatsa

činiti
yenta

biti
be

stojati
sukuma

trčati
gijima

povlačiti
dvonsa

baciti
jika

padati
wani

ležati
cala emanga

čekati
mani

nositi
tsatsa

sjediti
hlala

oblačiti
yembatsa

spavati
lala

probuditi se
vuka

aktivnosti - imisebenti

gledati

buka

plakati

khala

milovati

shaya

češljati

kama

govoriti

khuluma

razumjeti

condza

pitati

buta

slušati

lalela

piti

natsa

jesti

dlani

pospremiti

gcogca

voljeti

tsandza

kuhati

pheka

voziti

shayela

letjeti

ndiza

aktivnosti - imisebenti

ploviti
ntjuza

računati
bala

čitati
fundza

učiti
fundza

raditi
sebenta

vjenčati se
shada

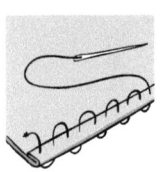
šiti
tfunga

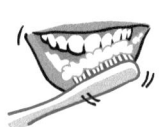
prati zube
kugeza ematinyo

ubiti
bulala

pušiti
bhema

poslati
tfumela

aktivnosti - imisebenti

obitelj
umndeni

baka / gogo

djed / mkhulu

otac / babe

majka / make

beba / umntfwana

kćerka / indvodzakati

sin / indvodzana

gost
sivakashi

tetka
anti

ujak, stric
malume

brat
umnaketfu

sestra
sisi

tijelo
umtimba

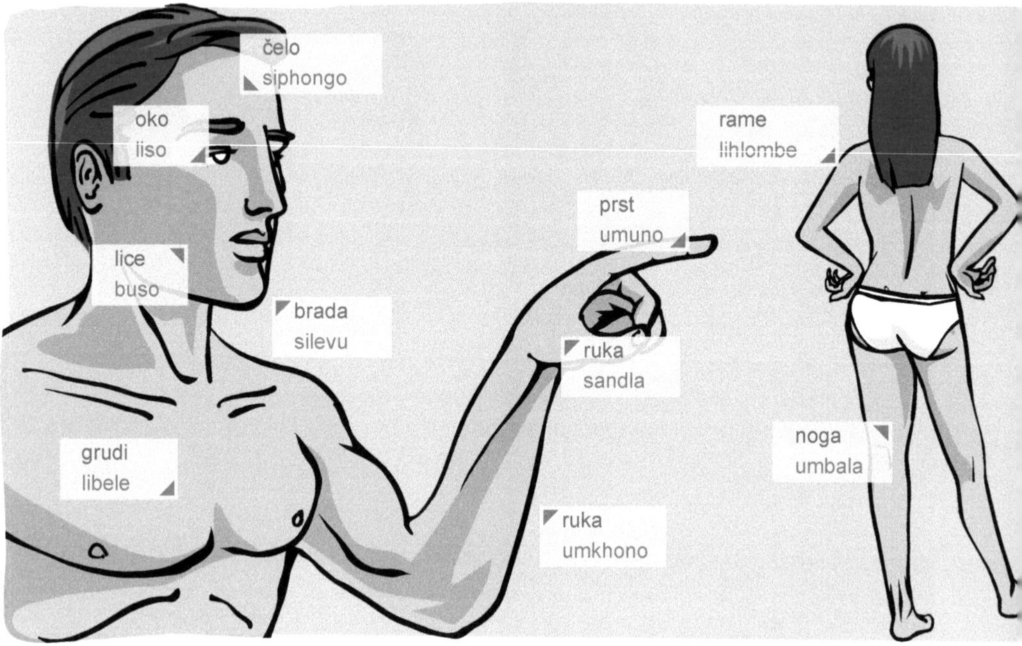

čelo
siphongo

oko
liso

rame
lihlombe

prst
umuno

lice
buso

brada
silevu

ruka
sandla

grudi
libele

noga
umbala

ruka
umkhono

beba
umntfwana

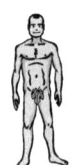

muškarac
indvodza

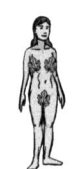

žena
umfati

djevojčica
intfombatane

dječak
umfana

glava
inhloko

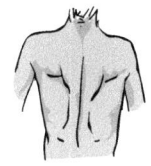

leđa
emuva

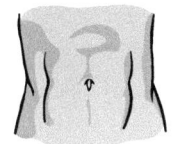

trbuh
umkhatjana

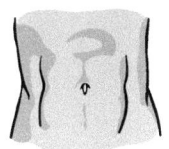

pupak
sibhono

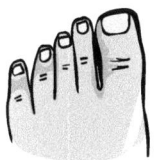

nožni prst
luzwane

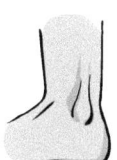

peta
sitsendze

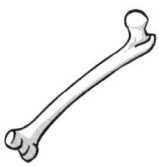

kost
litsambo

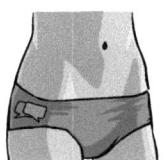

kuk
litsanga

koljeno
lidvolo

lakat
ingcosa

nos
imphumulo

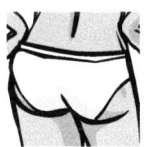

stražnjica
entansi

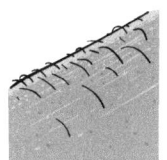

koža
sikhumba

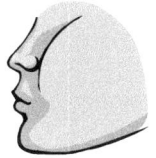

obraz
sihlatsi

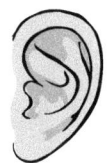

uho
indlebe

usna
indzebe

tijelo - umtimba

usta
umlomo

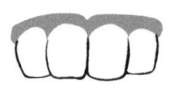

zub
litinyo

jezik
lilimi

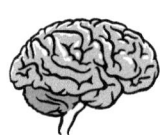

mozak
bucopho

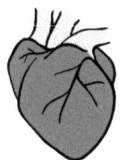

srce
inhlitiyo

mišić
umsipha

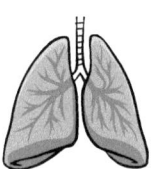

pluća
liphaphu

jetra
sibindzi

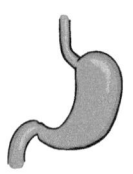

želudac
sisu

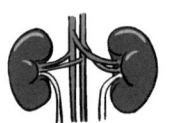

bubrezi
tinso

snošaj
kulalana

kondom
lijazi lemkhwenyana

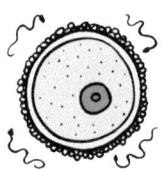

jajna stanica
licandza lentalo

sperma
sidvodza

trudnoća
kukhulelwa

tijelo - umtimba

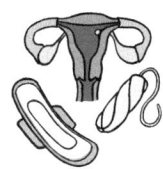

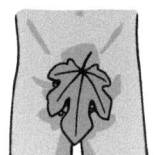

menstruacija	vagina	penis
kuya esikhatsini	ligolo	umpipi

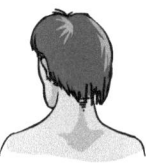

obrva	kosa	vrat
inkhophe	lunwele	intsamo

bolnica
sibhedlela

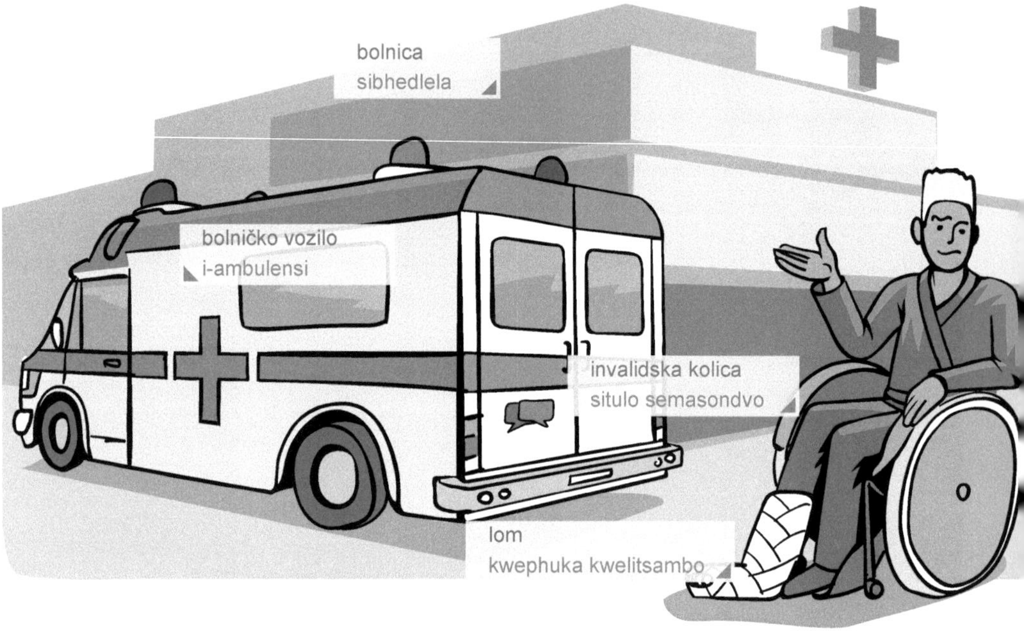

bolnica
sibhedlela

bolničko vozilo
i-ambulensi

invalidska kolica
situlo semasondvo

lom
kwephuka kwelitsambo

liječnik

dokotela

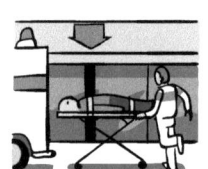

hitna medicinska služba

ligumbi letimo
letiphutfumako

medicinska sestra

nesi

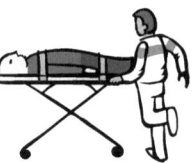

hitni slučaj

simo lesiphutfumako

nesvijest

kucaleka

bol

buhlungu

ozljeda
kulimala

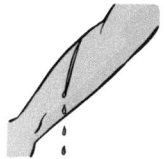
krvarenje
kopha

srčani infarkt
kuhlaselwa sifo senhlitiyo

moždani udar
kufa luhlangotsi

alergija
i-aleji

kašalj
kukhwehlela

groznica
kushisa

gripa
umkhuhlane

proljev
kusheka

glavobolja
kubulawa yinhloko

rak
umdlavuza

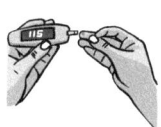
dijabetes
kuba nashukela

kirurg
dokotela

skalpel
umukhwa wekusika wabodokotela

operacija
kusikwa

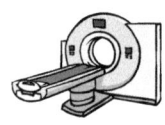

ct
i-CT

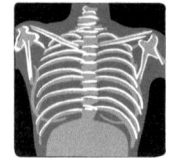

rentgen
i-x ray

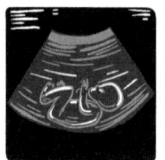

ultrazvuk
umsindvo

maska
sifonyo

bolest
sifo

čekaonica
ligumbi lekulindza

štaka
indvuku yekuhamba

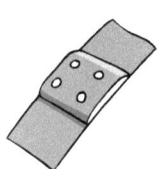

flaster
i-plaster

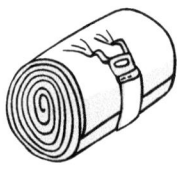

zavoj
ibhandishi

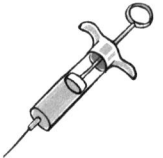

injekcija
umjovo

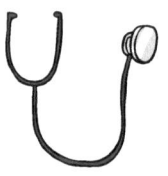

stetoskop
lithulusi labodokotela lekulalela inhlitiyo

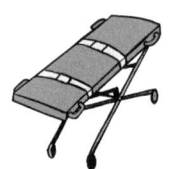

nosilo
luhlaka

termometar
kwekuhlola lizinga lemuntfu lekushisa

rođenje
kutalwa

prekomjerna težina
kunona kakhulu

bolnica - sibhedlela

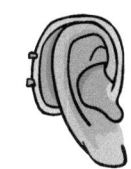

slušni aparat

nsita tekuva etindlebeni

sredstvo za dezinfekciju

sibulali magciwane

infekcija

kwesuleleka ngesifo

virus

ligciwane

hiv / sida

i-HIV / AIDS

medicina

umutsi

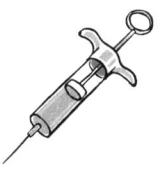

vakcinacija

kugoma

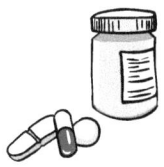

tablete

emaphilisi

pilula

liphilisi

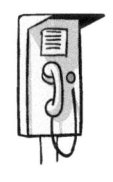

poziv u pomoć

ucingo loluphutfumako

uređaj za mjerenje tlaka

sicaphi semfutfo wengati

bolesno / zdravo

gula / umcemane

bolnica - sibhedlela

hitni slučaj
simo lesiphutfumako

pomoć! Lusito!	 alarm i-alamu	 nasrtaj kuhlukumeta
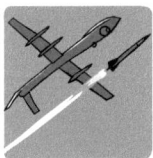 napad kuhlasela	 opasnost ingoti	 izlaz za nuždu umnyango wekuphuma nakuphutfuma
požar! Umlilo	 vatrogasni aparat sicishamlilo	 nezgoda ingoti
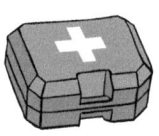 kofer prve pomoći ikhidi yelusito lwekucala	 sos SOS	 policija emaphoyisa

zemlja
Umhlaba

Europa
i-Europe

sjeverna amerika
iNyakatfo YeMelika

južna amerika
iNingizimu YeMelika

Afrika
i-Afrika

Azija
i-Asia

Australija
i-Australia

Atlantik
i-Atlantic

Pacifik
i-Pacific

ocean
i-Idian Ocean

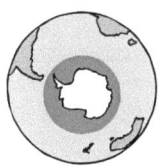
antarktički ocean
i-Antarctic Ocean

arktički ocean
i-Arctic Ocean

sjeverni pol
Ligumbi laseNyakatfo

južni pol

Ligumbi laseNingizimu

Antarktik

iAntarctica

zemlja

Umhlaba

zemlja

indzawo

more

lwandle

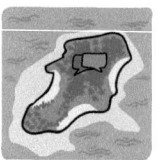

otok

sichingi

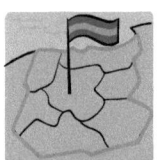

nacija

sive

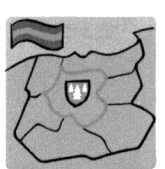

država

umbuso

sat
liwashi

brojčanik sata

buso beliwashi

satna kazaljka

li-awa

minutna kazaljka

imizuzu

sekundna kazaljka

imizuzwana

Koliko je sati?

sikhatsi sini nyalo?

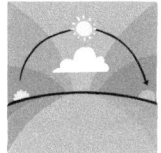

dan

lusuku

vrijeme

sikhatsi

sada

nyalo

digitalni sat

liwashi lesimanjemanje

minuta

umzuzu

sat

li-awa

tjedan
liviki

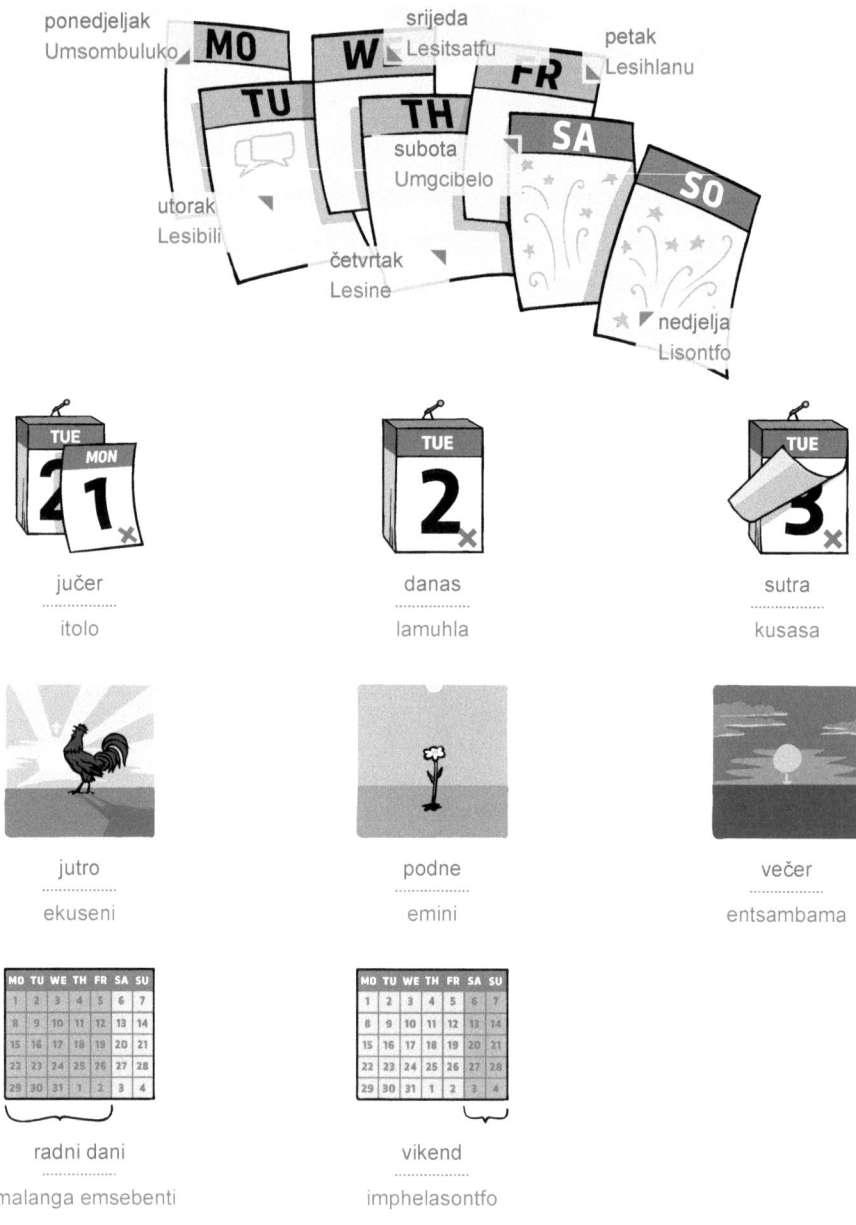

ponedjeljak — Umsombuluko
srijeda — Lesitsatfu
petak — Lesihlanu
utorak — Lesibili
subota — Umgcibelo
četvrtak — Lesine
nedjelja — Lisontfo

jučer — itolo
danas — lamuhla
sutra — kusasa

jutro — ekuseni
podne — emini
večer — entsambama

radni dani — emalanga emsebenti
vikend — imphelasontfo

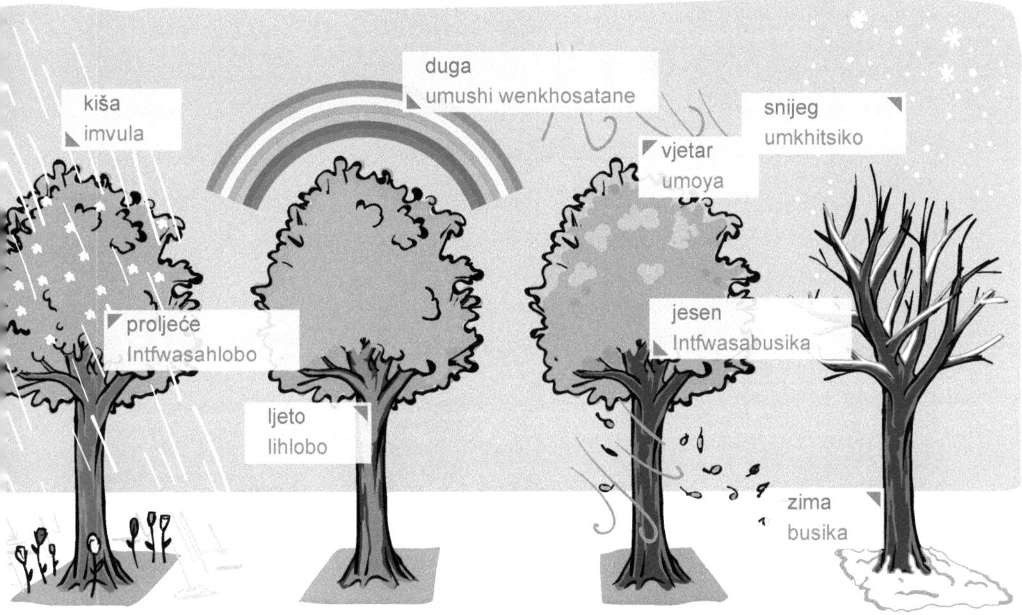

godina
umnyaka

kiša
imvula

duga
umushi wenkhosatane

snijeg
umkhitsiko

vjetar
umoya

proljeće
Intfwasahlobo

ljeto
lihlobo

jesen
Intfwasabusika

zima
busika

meteorološka prognoza
simo selitulo

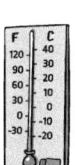

termometar
kwekuhlola lizinga lekushisa

sunčana svjetlost
kubalela

oblak
emafu

magla
inkhungu

vlažnost zraka
umswakamo

munja
umbane

grmljavina
umbane

oluja
kudvuma lobunebungoti

tuča
sangcotfo

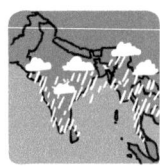

monsun
inyeti

poplava
tikhukhula

led
lichwa

siječanj
Bhimbidvwane

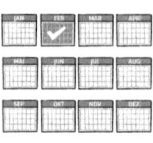

veljača
Indlovana

ožujak
Indlovulenkhulu

travanj
Mabasa

svibanj
Inkhwenkhweti

lipanj
Inhlaba

srpanj
Kholwane

kolovoz
Ingci

godina - umnyaka

rujan
Inyoni

listopad
Imphala

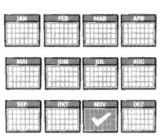
studeni
Lweti

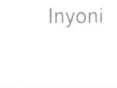
prosinac
Ingongoni

oblici
kubumbeka kwetintfo

krug
indingiliza

kvadrat
sikwele

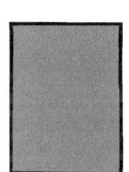
pravokutnik
umdvwebo lonetinhlangotsi letindze letilinganako

trokut
ncantsatfu

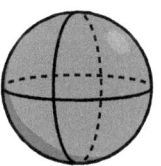
kugla
i-sphere

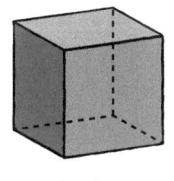
kocka
ikhiyubhu

boje
imibala

bijela
kumhlophe

žuta
phuti

narančasta
sheli

ružičasta
kupinki

crvena
kubovu

ljubičasta
kunsomi

plava
luhlata

zelena
luhlata njengetjani

smeđa
loku-brown

siva
mtfubi

crna
mnyama

suprotnosti
lokwehlukile

mnogo / malo

kunyenti / kuncane

ljutito / mirno

kutfukutsela / kwehlisa umoya

lijepo / ružno

buhle / bubi

početak / kraj

sicalo / siphetfo

veliko / maleno

bukhulu / buncane

svijetlo / tamno

kukhanya / bumnyama

brat / sestra

bhuti / sisi

čisto / prljavo

kuhloba / kungcola

potpuno / nepotpuno

kuphelela / kungapheleli

dan / noć

imi / busuku

mrtvo / živo

kufa / kuphila

široko / usko

kubanti / kuncane

jestivo / nejestivo | zlo / dobro | uzbuđeno / dosadno
lokudliwako / lokungadliwa | inhlitiyo lembi / umusa | kutsakasa / kudvumala

debelo / mršavo | na početku / na kraju | prijatelj / neprijatelj
sidudla / umcondvo | kwekucala / kwekugcina | umngani / sitsa

puno / prazno | tvrdo / mekano | teško / lagano
kugcwala / kute lutfo | kucina / kutsamba | kusindza / kulula

glad / žeđ | bolesno / zdravo | ilegalno / legalno
kulamba / koma | gula / umcemane | kungabi semtsetfweni / kuba semtsetfweni

pametno / glupo | lijevo / desno | blizu / daleko
kuhlakanipha / bulima | sencele / sekudla | dvutane / khashane

suprotnosti - lokwehlukile

novo / rabljeno
lokusha / lokudzala

ništa / nešto
kute lutfo / kunalokutsite

staro / mlado
budzala / busha

uključeno / isključeno
yasebenta / akusebenti

otvoreno / zatvoreno
kuvulekile / kuvalekile

tiho / glasno
kuthula / umsindvo

bogato / siromašno
kunjinga / kuphuya

točno / pogrešno
kulungile / akukalungi

hrapavo / glatko
kuyahhedla / kuyashelela

tužno / sretno
uva buhlungu / kujabula

kratko / dugo
kufishane / kudze

polako / brzo
kunwabuka / kushesha

mokro / suho
kumanti / komile

toplo / hladno
kufutfumele / kusivuvu

rat / mir
imphi / kuthula

suprotnosti - lokwehlukile

brojevi
tinombolo

0
nula
indilinga

1
jedan
kunye

2
dva
kubili

3
tri
kutsatfu

4
četiri
kune

5
pet
sihlanu

6
šest
sitfupha

7
sedam
sikhombisa

8
osam
siphohlongo

9
devet
yimfica

10
deset
lishumi

11
jedanaest
lishumi nakunye

12

dvanaest
lishumi nakubili

13

trinaest
lishumi nakutsatfu

14

četrnaest
lishumi nakune

15

petnaest
lishumi nesihlanu

16

šestnaest
lishumi nesitfupha

17

sedamnaest
lishumi nesikhombisa

18

osamnaest
lishumi nesiphohlongo

19

devetnaest
lishumi nemfica

20

dvadeset
emashumi lamabili

100

stotinu
likhulu

1.000

tisuću
inkhulungwane

1.000.000

milijun
sigidzi

jezici
tilwimi

engleski
Singisi

američko engleski
Singisi saseMelika

kinesko mandarinski
SiMandarini seseShayina

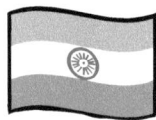
hindi
SiHindi

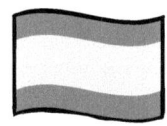
španjolski
Sipanishi

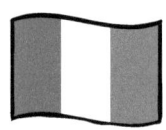
francuski
SiFulentji

arapski
Si-Arabu

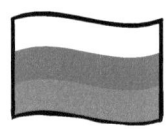
ruski
SiRashiya

portugalski
SiPhuthukezi

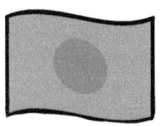
bengalski
SiBhengali

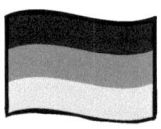
njemački
SiJalimane

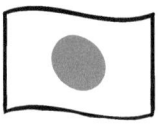
japanski
SiJapane

tko / što / kako
ngubani / ini / njani

ja
Mine

ti
wena

on / ona / ono
yena / yona

mi
tsine

vi
nine

oni
bona

tko?
bani?

što?
ini?

kako?
njani?

gdje?
kuphi?

kada?
nini?

ime
libito

gdje
kuphi

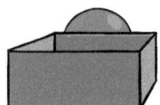

iza
ngemuva

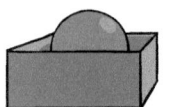

u
ekhatsi

ispred
embi kwe

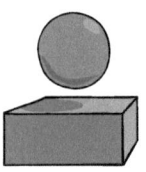

preko
ngenhla

na
etulu

ispod
ngephansi

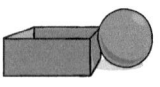

pored
eceleni

između
emkhatsini

mjesto
indzawo